DES

DESSINS, TABLEAUX

ANCIENS ET MODERNES

Porcelaine, Faïence

OBJETS D'ART ET DE VITRINE

BRONZES, SCULPTURES

MEUBLES & SIÈGES

ANCIENS OU DE STYLE

TAPIS D'ORIENT

SOIERIES

Dont la Vente doit avoir lieu

A PARIS, HOTEL DROUOT, SALLE N° 10

LE LUNDI 17 MARS 1913

A DEUX HEURES

Mᵉ G. FRANÇOIS	M. R. BLÉE
COMMISSAIRE-PRISEUR	Expert près le Tribunal civil de la Seine
23, rue Le Peletier	3, rue du Helder

EXPOSITION PUBLIQUE

Le Dimanche 16 Mars 1913, de 2 heures à 6 heures

CONDITIONS DE LA VENTE

Elle sera faite au comptant.

Les adjudicataires paieront *dix pour cent* en sus des enchères.

L'exposition mettant le public à même de se rendre compte de la nature et de l'état des objets mis en vente, aucune réclamation ne sera admise une fois l'adjudication prononcée.

Paris. — Imp. de l'Art, Ch. Berger, 41, rue de la Victoire.

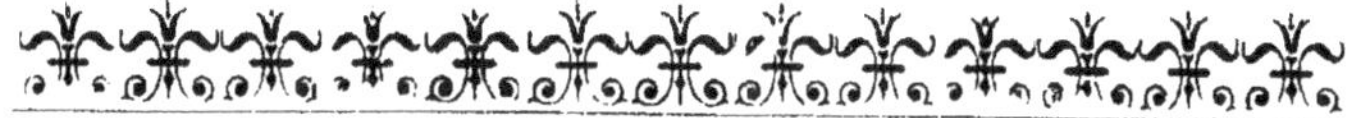

DÉSIGNATION

DESSINS, TABLEAUX

1 — Dessins aux trois crayons : Tête de jeune fille. Cadre rond.

2 — Deux eaux-fortes de HOLLARD, d'après HOLBEIN. Dans un même cadre.

3 — Six aquarelles gouachées : Deux vues de Rouen. — Une marine (vue d'Italie). — Paysage montagneux animé de personnages (vue d'Italie). — L'Escrimeur, scène genre WATTEAU. — Fête villageoise, genre TENIERS. (Seront divisées.)

4 — ÉCOLE FRANÇAISE. Paysage. Dessin à la plume.

5 — ÉCOLE FRANÇAISE. Le Message d'amour. Dessin à la sanguine.

6 — ÉCOLE MODERNE. Panneau décoratif.

7 — ÉCOLE FRANÇAISE. Scène mythologique : Moïse recevant les Tables de la loi.

8 — ÉCOLE FRANÇAISE. Portrait de femme en coiffure à plumes. — Petit panneau décoratif. — Autre panneau : La lettre.

9 — ÉCOLE FRANÇAISE. Combat de cavaliers et d'arque-
busiers. — Portrait de femme. — Portrait de sœur.
Peinture sur cuivre.

10 — ÉCOLE FRANÇAISE. La Vierge.

11 — ÉCOLE FRANÇAISE (XVIIe siècle). Vénus et Bacchus.
Gouache.

12 — ÉCOLE FRANÇAISE. Portrait d'homme en costume
Louis XV. Toile. Cadre ovale.

12 bis — ÉCOLE FRANÇAISE. Portrait de l'Aiglon. Pastel.

13 — ÉCOLE FRANÇAISE. La Vierge et l'Enfant.

14 — ÉCOLE FRANÇAISE. Deux petits paysages ovales.
Cadres en bois sculpté.

15 — ÉCOLE ITALIENNE (XVIIe siècle). Scène animée dans
un paysage montagneux.

16 — ÉCOLE ITALIENNE. La Flagellation du Christ.

17 — ÉCOLE ITALIENNE. Portrait de vieillard.

18 — ÉCOLE ITALIENNE. Portrait de jeune homme à la
bourse.

19 — ÉCOLE ITALIENNE. Saint Jean-Baptiste.

20 — ÉCOLE ITALIENNE. Scène mythologique dans un
paysage à haute frondaison. Panneau. Cadre en bois
sculpté.

21 — ÉCOLE HOLLANDAISE. Jeunes enfants jouant. Deux
panneaux.

21 *bis* — RAOUX. Portrait de femme.

22 — ÉCOLE HOLLANDAISE. Sujet champêtre. Peinture sur panneau.

23 — ÉCOLE FLAMANDE. Portrait d'homme. Peinture sur panneau.

24 — ÉCOLE FLAMANDE. La Ferme. Petit panneau.

25 — ÉCOLE FLAMANDE. Tobie et l'Ange. Grande toile.

26 — ÉCOLE FLAMANDE. La Mise au tombeau.

27 — BESQUE. Le Départ pour la chasse.

28 — BRÉDOW. Cloître de Brinda (Hongrie). Signé à droite. Toile.

28 *bis* — BREUGHEL. Paysage animé.

29 — CAPON (?) Marine : Effet de nuit.

29 *bis* — DELACROIX (Genre de). Radjah à cheval. Toile.

30 — KRIER (F.). Portrait de chansonnier.

31 — PAL. Les Papillons de nuit.

32 — TROYON (Attribué à), Paysage. Pastel.

33 — SWANEFELD (Van). La Fuite en Égypte.

OBJETS DE VITRINE, PORCELAINE
BRONZES, SCULPTURES

34 — Coffret en marqueterie de paille, décoré de paysages variés.

35 — Coffret à bijoux en laque du Japon, en forme de pagode.

36 — Deux petits cadres en bois sculpté.

37 — Cadre Louis XVI en bois sculpté et doré.

38 — Baromètre Louis XVI en bois sculpté et doré.

39 — Glace à cadre en bois sculpté et doré. Époque Louis XIV.

40 — Broderie encadrée, représentant des personnages e des animaux.

41 — Le Pêcheur. Lithographie en couleurs. Encadrée.

42 — Deux sacs de dame en perles de couleurs non montés.

43 — Deux petites statuettes en morse sculpté.

44 — Deux statuettes en terre cuite : Gardes françaises.

45 — Petit vase Empire en porcelaine décorée de personnages et paysages.

46 — Grosse potiche en grès gris de Chine, à décors bleus.

47 — Groupe en biscuit : Apollon et les Muses.

48 — Bas-relief en terre cuite, encadré, représentant un paysage.

49 — Deux vases en verre opalin décoré.

50 — Petit pot en terre de Lorraine. Époque Louis XVI.

51 — Quatre poupées en cire.

52 — Plaque en corne pressée, représentant le Jugement de Pâris.

53 — Bas-relief en plâtre : Offrande à l'Amour.

54 — Une épée, poignée en acier poli. — Deux cannes.

55 — Lot de petits cadres en cuivre ciselé.

56 — Petit cartel en bronze ciselé et doré, sur une plaque de marbre rose. Style Louis XVI.

57 — Mortier en bronze et son pilon.

58 — Deux flambeaux Louis XIII en bronze.

59 — Deux chenets en bronze doré, de style Louis XV.

60 — Support de plante, en forme de colonne, en cuivre gravé.

61 à 63 — Trois plats en cuivre repoussé.

64 — Armure complète en fer gravé, de style Renaissance.

65 — Important groupe en bronze : Cheval au trot monté par un jockey. Signé : *H.-R. de Vains.*

66 — Petit buste de femme, et Vierge en bronze. (Seront divisés.)

67 — Statuette en bronze : La Porteuse d'eau.

68 — Paire de chenets en bronze, à sujets chevaux.

69 — Deux statuettes de sirènes en bronze.

70-71 — Deux statuettes en bronze : Lion et Taureau.

72 à 75 — Quatre lanternes en cuivre.

76 — Pendule, de style Louis XVI, à deux colonnes détachées en marbre blanc. Socle et fronton en marbre noir.

77 — Deux flambeaux Louis XIII en bronze.

78 — Lustre Louis XVI, à six lumières, en bois sculpté et doré, monté à l'électricité.

79 — Pendule Louis XVI, à deux colonnes, en marbre blanc.

80 — Statuette de femme en bronze.

81-82 — Deux lanternes suisses en cuivre.

83 — Cache-pot en cuivre gravé.

84-85 — Deux bustes en terre cuite : Femmes orientales, par Alice Rio.

86 — Statuette de femme nue en marbre blanc.

87 — Statuette en marbre blanc : Jeune femme portant un enfant et une corbeille de fruits.

88 — Groupe en marbre, sur socle : l'Enlèvement des Sabines.

MEUBLES, SIÈGES

89 — Grand socle en érable, de 1 m. 85 cent. sur
1 m. 20 cent.

90 — Coffre en bois sculpté. Renaissance.

91 — Horloge paysanne, gaine en merisier. xviiie siècle.

92 — Petit meuble en bois de rose et marqueterie.

93 — Petite table en citronnier, décorée de fleurs. xviiie
siècle. Anglais.

94 — Petite table à trois tiroirs, en bois de rose et satiné,
dessus en marbre, galerie de cuivre. Style Louis XVI.

95 — Table à jeu en acajou et filets de cuivre.

96 — Console Directoire en acajou et marbre blanc.

97 — Lit Louis XVI, peint et garni.

98 — Porte-manteaux en chêne sculpté.

99 — Glace de salon. Cadre en noyer sculpté.

100 — Table gigogne, en cinq parties, en laque de Chine.

101 — Console, de style Louis XIV, en chêne sculpté et
doré, à dessus de marbre blanc.

102 — Table rectangulaire en chêne, à pieds tors.

103 — Bureau plat, de style Louis XVI, en bois de rose et
marqueterie, orné de bronzes et ouvrant à cinq tiroirs.

104 — Encadrement de glace et dessus de cheminée,
ornés de soierie bleue à fleurs.

105 — Vitrine en noyer, de style Louis XVI, ouvrant à
deux portes vitrées, avec colonnes cannelées sur les
côtés.

106 — Secrétaire Louis XVI en acajou, à filets cuivre,
avec colonnes cannelées sur les côtés.

107 — Bureau américain en chêne clair.

108 — Bureau plat en marqueterie, de style Louis XVI,
orné de bronzes et ouvrant à trois tiroirs.

109 — Petite table en marqueterie, de style Louis XVI,
ouvrant à trois tiroirs.

110 — Petite table-rognon en marqueterie, ouvrant à
deux tiroirs et une tirette.

111 — Consoles Louis XVI en bois sculpté et doré; dessus en marbre blanc.

112 — Console, de style Louis XV, en bois sculpté et
doré; dessus en marbre rouge.

113 — Bureau à dos d'âne en marqueterie hollandaise,
ouvrant à l'extérieur à trois tiroirs. xviiie siècle.

114 — Buffet à deux corps, en chêne, ouvrant à quatre
portes pleines.

115 — Bureau à cylindre, de style Louis XVI, avec
tirette, en bois de rose et marqueterie.

116 — Table à jeu en acajou marqueté des attributs de la Musique. Style Empire.

117 — Petite vitrine-bibliothèque en marqueterie ornée de bronzes, ouvrant à deux portes grillagées et deux portes pleines ; dessus en marbre.

118 — Bureau plat, de style Louis XIV, en bois de placage, orné de bronzes.

119 — Bureau à dos d'âne, de style Louis XV, marqueté de fleurs et orné de bronzes.

120 — Lit en acajou, Empire, orné de bronzes, à colonnes détachées.

121 — Commode en acajou, Empire, ornée de bronzes et ouvrant à trois tiroirs, à colonnes détachées.

122 — Armoire Louis XIV en chêne sculpté, ouvrant à deux portes pleines.

123 — Chaise longue, cannée, en noyer sculpté, de style Louis XVI.

124 — Fauteuil en noyer, de style Louis XIII, recouvert de soie rouge.

125 — Fauteuil et pouf, formant chaise longue, couverts en étoffe verte.

126 — Deux chaises en chêne, recouvertes de tapisserie au point.

TAPIS, ÉTOFFES

127 — Tapis de galerie, persan, à fond bleu, décoré de losanges polychromes. — 3 m. 5o cent. sur 1 m. o5 cent.

128 — Tapis de Perse, à fond bleu foncé, décoré de palmettes polychromes. — 1 m. 4o cent. sur 1 m. 2o cent.

129 — Ancien tapis persan, décoré de losanges poly-chromes. — 2 mètres sur 1 m. 5o cent.

13o — Tapis persan, de galerie Hamadan, à fond clair, dessin polychrome. — 3 mètres sur 1 m. 15 cent.

131 — Tapis persan, à fond clair, dessin et bordure de diverses couleurs. — 3 m. 1o cent. sur 2 m. 6o cent.

132 — Tapis persan, à fond rouge, à décor de palmettes. — 3 m. o5 cent. sur 1 m. 6o cent.

133 — Grand tapis de Smyrne, à décor rouge, bleu et vert. — 4 m. 3o cent. sur 3 m. 5o cent.

134 — Grand tapis de Smyrne, à fond bleu foncé, décor polychrome. — 4 m, 25 cent. sur 3 m. 4o cent.

135 — Tapis d'Orient, à trois médaillons sur fond rouge, bordure et ornements polychromes. — 2 m. 3o cent. sur 1 m. 6o cent.

136 — Tapis de Smyrne, à fond rouge, dessin et bordure bleu turquoise. — 2 mètres sur 1 m. 35 cent.

137 — Tapis d'Orient, à fond bleu foncé, décoré de fleurs et ornements polychromes, avec bordure sur fond rouge, à dessins variés. — 3 m. 30 cent. sur 2 mètres.

138 — Tapis de prière à mehrab rouge, bordure fond blanc et dessins polychromes. — 1 m. 50 cent. sur 1 m. 10 cent.

139 — Tapis de galerie d'Orient, à fond rouge, à rosace centrale avec dessins et bordure bleus. — 2 m. 30 cent. sur 1 m. 20 cent.

140 — Deux bandes de filet montées sur toile.

141 — Dessus de table en filet monté sur toile.

142 — Nappe en toile aux fils tirés.

143 — Médaillon en tapisserie au petit point, représentant un paysage boisé, encadré de fleurs polychromes brodées.

144 — Panneau de velours rouge, richement brodé de dessins d'ornements et oiseaux.

145 — Panneau de soierie, lamée d'or à semis de fleurettes polychromes sur fond jaune, bordure rouge.

146 — Panneau de soierie, à palmettes polychromes sur fond jaune, bordure à palmettes jaunes sur fond bleu, coins rouges.

147 — Panneau de soierie, à palmettes dorées sur fond rouge, bordure saumon et or.

148 — Petit panneau de soierie, à palmettes polychromes
sur fond jaune, bordure rouge à palmettes dorées.

149 à 156 — Vingt morceaux de soieries, broderies, etc.
(Ce lot sera divisé.)

157 — Couvre-lit en broderie et filet.

158 — Quatre bandeaux en filet. (Seront divisés.)

159 à 162 — Quatre couvre-lits en filets.

163 — Objets omis.

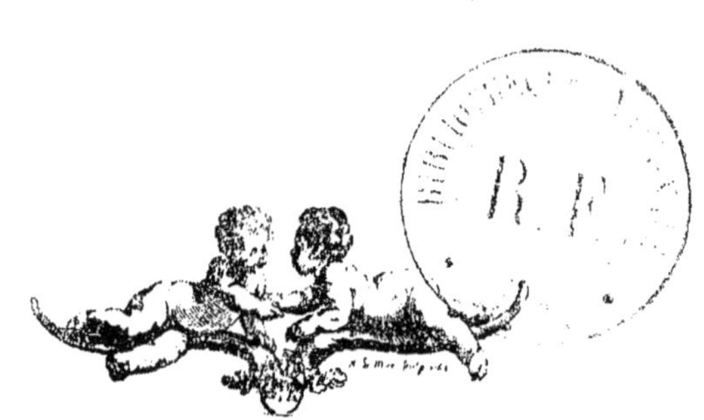